AF359276

LE VOYAGE

IMPROMPTU,

OU

SERA-T-IL MÉDECIN ?

OPÉRA COMIQUE EN UN ACTE,

Paroles de MM. AUBERTIN et D******,

Musique del Signor PACINI;

*Représenté pour la première fois, à Paris,
sur le Théâtre Montansier, le 5 Avril 1806.*

Prix, 24 sous.

A PARIS,

Chez Mad. MASSON, Libraire, Editeur de pièces
de théâtres et de musique, rue de l'Echelle, N°.
10, au coin de celle St.-Honoré.

1806.

PERSONNAGES. ACTEURS.

PERSONNAGES	ACTEURS
VERNEUIL.	M. *Dubois.*
ALBERT, son fils.	M. *Cazot.*
CECILE, sa pupile.	Mlle. *Cuisot.*
SURVILLE, officier de cavalerie, frère de Cécile.	M. *Aubertin.*
GEORGES, jardinier.	M. *Bosquier-Gavaudan.*
HENRY, jokey d'Albert.	M. *Lefèvre.*

La scène est à la campagne, près Paris.

(*Le Théâtre représente un Jardin. A droite, un Pavillon.*)

On trouvera la musique de cet Opéra chez Mad. MASSON.

LE
VOYAGE IMPROMPTU.

SCÈNE PREMIÈRE.

HENRI, (*arrivant botté, éperonné, un fouet à la main.*)

Les malles sont faites ; la chaise de poste est prête, les chevaux sont en bon état, en attendant les adieux de tout le monde , j'ai prevenu mon maître que nous pouvions partir.

ARIETTE.

Nous allons donc à Montpellier
Le beau pays pour un jeune homme aimable,
Mais hélas , il faut se plier
Aux volontés d'un père inexorable ! . .
Mon maître a le cœur sur la main ,
Il aime une femme divine ,
Son père le fait médecin
Pour l'éloigner ; on le devine.
Mais , il a grand tort en ce jour
Si ce motif le détermine ,
Car je crois que la médecine
Ne guérira pas son amour.

SCÈNE II.

SURVILLE, HENRI.

SURVILLE.

Êtes-vous de la maison, mon ami ?

HENRI.

Oui , monsieur, qu'y a-t-il pour votre service.

SURVILLE.

Albert de Verneuil, est-il ici ?

HENRI.

Oui, monsieur.

SURVILLE.

Je viens le voir.

HENRI.

Vous faites bien d'arriver , car nous allons partir.

SURVILLE.

Bon ! et où allez-vous comme cela ?

HENRI.

Nous allons à Montpellier , monsieur.

SURVILLE.

A Montpellier ! est-ce que vous allez vous faire médecin.

HENRI.

Non pas moi ; monsieur , je n'en veux à personne ! mais j'y vais en qualité de gouverneur de M. Albert, que son père y envoie aujourd'hui.

SURVILLE.

Il était tems que j'arrivasse ! prévenez Albert que je l'attends.

HENRI,

Ma foi, monsieur, le voici.

SCENE III.

SURVILLE, ALBERT, HENRI.

ALBERT.

Comment te voilà , mon cher Surville !

SURVILLE.

Oui, mon ami, mais peut-on parler devant ce garçon.

ALBERT.

Ne crains rien , c'est un bon serviteur, il est discret.

SURVILLE.

Eh bien ! tu m'as écrit pour me demander des conseils, j'ai mieux aimé venir te les donner moi-même.

ALBERT.

Et ne crains-tu pas si l'on te rencontre. . . ton duel !

SURVILLE.

C'est précisément ce qui m'amène ici. La famille de mon adversaire est furieuse , on me cherche partout ; je viens te demander l'hospitalité.

ALBERT.

Tu ne te corrigeras donc jamais, car tu as déja été puni pour une affaire semblable.

SURVILLE.

Que veux-tu, on me provoque, il faut bien répondre ! au surplus cette punition n'a été qu'une bagatelle.

ALBERT.

Une bagatelle, cinq ans d'exil !

SURVILLE.

J'ai voyagé, cela forme. A mon retour j'ai servi, et me voilà officier ; mais parlons de ma sœur.

ALBERT.

Ah mon ami , je l'aime plus que jamais.

SURVILLE,

Et on t'en sépare.

HENRI.

Pour le faire médecin.

ALBERT.

C'est un état que je déteste.

SURVILLE.

Tu as si bon cœur.

HENRI.

Dailleurs, monsieur est fait pour le monde, et on va l'enterrer.

SURVILLE.

Il est vrai qu'il pourra prendre sa revanche sur bien d'autres.

ALBERT.

Tu plaisantes toujours, conseilles-moi plutôt.

SURVILLE.

Ma sœur t'aime-t-elle ?

ALBERT.

J'ose m'en flatter.

SURVILLE.

Je le saurai d'elle-même ; connais-tu un rival.

ALBERT.

Mais, non.

HENRI.

A moins que ce ne soit son tuteur.

ALBERT.

Mon père ?

SURVILLE.

Tu croirais ! Je vais lui parler du motif de ma visite.

ALBERT.

Mon père est craintif, s'il sait qu'on te poursuit, il ne voudra peut-être pas que tu restes chez lui. . . . ! comment faire . . . .

SURVILLE.

Il ne m'a pas vu depuis que je suis sorti du collège ; je suis un peu changé, depuis ce tems là : présente-moi sous un nom supposé.

ALBERT.

Justement, j'attendais ici Fierval, que tu connais, et qu'il n'a jamais vu.

SURVILLE.

Bon ! je suis Fierval, mais il faut prévenir ma sœur.

HENRI.

Elle va venir faire ses adieux à monsieur.

SURVILLE.

Fort bien : voici mon projet, Montez en voiture., que

personne ne doute de votre départ ; arrêtez-vous à la première auberge , revenez tous deux par les chemins de tra-
verse et cachez-vous dans le village jusqu'à ce que j'aille
vous prévenir qu'il est tems de paraître : Et si je n'ai pas
avant la fin du jour changé les ordres de ton père et ob-
tenu son consentement pour ton mariage , je pars avec toi
et pour ma punition , je vais me faire médecin.

ALBERT.
Ah ! mon ami, tu me rends l'espérance et le bonheur.

HENRI.
Il nous faut une cachette. . . Ah ! monsieur , nous en
aurons une dans cette maison même : notre jeune jardinière
ne me voit pas d'un œil indifférent, elle sera ravie d'être
du complot. Allons, morbleu , de la joie ; nous voilà revenus
de Montpellier sans y avoir été.

SURVILLE.
Tais-toi, j'entends du monde.

HENRI.
C'est mademoiselle Cécile.

SCENE IV.
Les Mêmes , CECILE.

CECILE.
Eh bien, Albert, vous partez donc !

ALBERT.
Ma chère Cécile , voilà quelqu'un qui m'assure que non.

CECILE.
Mon frère. . . te voilà, mon cher Surville !

SURVILLE, *l'embrassant.*
Oui, ma sœur : et tu embrasses un officier.

CECILE.
Nous n'osions pas t'attendre sitôt.

SURVILLE.
J'ai voulu vous surprendre.

CECILE.
Que tu arrives à propos ! cette maison allait me sembler
d'une tristesse.

SURVILLE, *à Albert.*
Parce que tu la quittais.

CECILE.
Tu vas dire à M. de Verneuil. . .

SURVILLE.
Rien, ma sœur ; il ne faut pas encore qu'il sache qui je
suis.

C E C I L E.

Il me suivait et ne peut tarder à venir.

S U R V I L L E.

Garde-toi bien de nous trahir ; il y va de ton bonheur !
Je suis M. de Fierval...

H E N R I.

Chût ! voici monsieur votre père , il est suivit de Georges.
On vient nous faire de tendres adieux , scène pathétique ;
allons monsieur , l'air triste , le mouchoir à la main ; la
larme à l'œil !

SCENE V.

Les Mêmes, VERNEUIL, GEORGES.

V E R N E U I L.

Je viens , mon fils , t'embrasser avant ton départ... qui
est ce monsieur.

A L B E R T.

L'ami de collège que j'attendais, mon père , M. de Fierval.

V E R N E U I L.

Ma foi , monsieur, vous arrivez dans un triste moment ;
Albert nous quitte.

S U R V I L L E.

C'est ce qu'il me disait , monsieur, j'en suis désolé. Je
comptais passer une huitaine à cette campagne, et avoir l'hon-
neur de lier connaissance avec vous...

V E R N E U I L.

Que cela ne change point vos projets , monsieur, vous
nous resterez. J'étais fort l'ami de votre père , et j'aurai
grand plaisir à être le vôtre.

S U R V I L L E.

Je vous remercie , et j'accepte: Mais ne pourriez-vous
remettre à demain le départ de mon ami.

V E R N E U I L.

Je le voudrais, mais cela est impossible.

C E C I L E

Ce départ est-il donc si pressé ?

V E R N E U I L

Tout est prêt, et la voiture l'attend depuis une demi-
heure.

A L B E R T

Je vais partir sur-le-champ.

MORCEAU D'ENSEMBLE.

Adieu, mon père ; embrassez votre fils...
Pardonnez-moi cette douleur extrême ;

Pourrais-je sans regret quitter les lieux chéris
Où je laisse tout ce que j'aime.

VERNEUIL.

Tu reviendras dans cet heureux séjour,
Et ton retour saura charmer ton père.

CÉCILE.

Si vous m'aimez, hâtez votre retour.

Ensemble.

HENRI et SURVILLE.
Il reviendra dans cet heureux séjour
Un peu plutôt qu'on ne l'espère.

ALBERT, *à Cécile.*
Je reviendrai dans cet heureux séjour
Un peu plutôt qu'on ne l'espère.

VERNEUIL et GEORGES.
Tu
Il reviendra dans cet heureux séjour ;
Ton
Son retour charmera ton père.

ALBERT

Bientôt sur l'aîle de l'amour,
Je reviendrai dans ce séjour,
Tout m'en donne ici l'assurance,
Et l'on peut supporter l'absence,
Lorsqu'on a l'espoir du retour.

TOUS.

Bientôt sur l'aîle de l'amour,
Il reviendra
Tu reviendras dans ce séjour,
Tout m'en donne ici l'assurauce, etc.

ALBERT

Adieu.

TOUS

Adieu.

VERNEUIL

Je te suis jusqu'à ta voiture.

ALBERT

C'est inutile, je vous jure,
Restez, restez tous en ses lieux.

SURVILLE, VERNEUIL, CECILE

Voyons-le monter en voiture.

ALBERT

Adieu.

TOUS *le suivant.*

Adieu, adieu.

GEORGES *les regardant partir.*

Adieu adieu.

SCENE VI.

GEORGES

Ce pauvre jeune homme, çà me fait de la peine.... N'y a

qu'une chose qui me console , c'est que ce mauvais sujet
d'Henri part avec lui, et qu'au moins je n'aurai pas tant
d'inquiétude au sujet de ma femme ; ma femme , qu'est
toujours à m'appeller paresseux , ivrogne : ah ! pour ivrogne,
je ne dis pas non ; mais paresseux , je ne le suis pas.

COUPLETS.

Drès l'matin j'som' à l'ouvrage ,
Je m'lève avec le soleil ,
Et j'travaille au jardinage ,
D'un courage sans pareil.
Mais comme c'tardeur extrême
Pourrait s'ralentir soudain ,
J'ai soin d'm'arroser moi—même ,
En arrosant mon jardin.

Sa plainte est ben ridicule ,
Car ell' ne saurait nier
Qu'on ne pourrait sans scrupule
Pour ça gronder l'jardinier.
Faut que c't'homme , sur mon ame ,
Prenn' du courage un p'tit brin ,
S'il veut cultiver sa femme ,
Sans négliger son jardin.

SCENE VI.

Les Mêmes, VERNEUIL, CECILE.

VERNEUIL.
Ah ! Georges , te voilà ; j'ai à te parler.

GEORGES.
Quoique monsieur veut me commander ?

VERNEUIL.
Veux-tu rester chez moi et gagner le double de tes gages ,
ou en sortir sur-le-champ.

GEORGES
Tatigué , monsieur, not' choix n'est pas douteux.

VERNEUIL.
Voilà ce dont il s'agit. Lorsque je fais partir mon fils, tu
dois bien penser que j'ai pour cela de bonnes raisons. Ce
monsieur s'avise d'être amoureux de ma pupille . . .

GEORGES.
Je nous en étions douté ; je le voyons tous les jours venir
au jardin , cueillir mes plus belles fleurs , et pis les mettre
sur la fenêtre de Mlle. Cécile.

VERNEUIL, à part.
Diable , je ne savais pas cela. Je vois qu'il était tems d'y
mettre ordre.

GEORGES

Le v'là parti, vous n'avez plus rien à craindre.

VERNEUIL

Je craindrai tout jusqu'à ce que je sache de l'ami auquel je l'adresse, qu'il est arrivé à Montpellier. D'ailleurs, mon cher Georges, et les correspondances, et les émissaires, et le chapitre des enlèvemens. . .

GEORGES

Oh ! quant à çà, on n'enlève jamais que st'elles-là qui le veulent ben.

VERNEUIL

Et qui t'a dit que ma pupille ne le voudrait pas ? Elle serait assez folle pour l'aimer.

GEORGES

Alors, monsieur, il faut donc les marier.

VERNEUIL

Je ne te demande pas ton avis. Va t'établir dans la loge du concierge, et que personne n'entre ou ne sorte aujourd'hui, que je n'en sois informé.

GEORGES

Soyez tranquille ; je vous flaire un amoureux d'un kilomètre de loin ! Je ne suis pas marié avec une femme jeune et espiègle sans être un tantinet jaloux ; ainsi rapportez-vous en à moi.

VERNEUIL.

Va ; fidélité, vigilance, et tu seras bien payé.

GEORGES

C'est dit, not' maître, je vas m'établir chez le concierge et pour que vous soyez plus sûr que nous ne quittions pas notre poste, je vais ranger autour de nous une demi-douzaine de bouteilles de vin ; morbleu, si l'on nous prend, ce ne sera pas faute de munitions.

SCENE VII.

VERNEUIL.

Tout ira bien ; monsieur mon fils loin d'ici, des lettres adroitement supposées qui persuaderont à ma pupile que le jeune homme l'a oubliée ; le dépit d'une part, mes instances de l'autre, elle est à moi.

ARIETTE.

De mon aimable Cécile
Je serai l'heureux époux ;
Maint tuteur à sa pupille,
A du le sort le plus doux.

Je sais bien que le mariage
A ses peines et ses tourmens,
Et quand sous ses lois je m'engage,
J'ai peut-être tort, je le sens ;
Mais de telles craintes sont vaines,
Et je le dis sans hésiter :
Quelques lourdes que soient mes chaines,
J'ai la force de les porter.

De mon aimable Cécile,
Je serai l'heureux époux ;
Maint tuteur à sa pupille,
A du le sort le plus doux.

Je suis cependant fâché de l'arrivée de Fierval dans un pareil moment ; il pourra déranger mes projets.

SCENE VIII.

SURVILLE, VERNEUIL.

SURVILLE, *à part.*

Il parle seul. Ecoutons, et préparons notre plan d'attaque.

VERNEUIL.

Si je le mettais dans ma confidence.

SURVILLE, *à part.*

J'y serai, parbleu !

VERNEUIL

Oh ! non ; il est ami de mon fils.

SURVILLE, *à part.*

Il se méfie de moi.

VERNEUIL

Pourvu que Cécile écoute favorablement mon amour.

SURVILLE, *à part.*

Henri avait raison ! Il aime Cécile, je le tiens.

VERNEUIL

J'entends quelqu'un. Ah ! c'est lui. Eh ! bien, M. de Fierval, vous avez quitté mon fils.

SURVILLE

Oui, monsieur, après avoir suivi des yeux sa voiture jusqu'au détour de l'avenue. Nous voilà seuls, je voudrais vous demander quelques conseils.

VERNEUIL

Des conseils ! Voyons, de quoi s'agit-il ?

SURVILLE

Vous saurez, monsieur, que j'ai toujours passé dans le monde pour une mauvaise tête.

VERNEUIL

Voilà un singulier aveu.

SURVILLE

Mais cela ne m'a jamais fait de peine, parce que loin de m'empêcher de réussir dans les affaires, cela a prodigieusement avancé les miennes auprès du beau sexe.

VERNEUIL

Bel avantage !

SURVILLE.

Je voudrais devenir raisonnable et j'ai envie de me marier.

VERNEUIL.

Vous êtes trop jeune !

SURVILLE.

Vraiment !

VERNEUIL

Beaucoup trop jeune! (*à part.*) Viendrait-il me demander la main de Cecile.

SURVILLE.

Je vous donne toute ma confiance. . . J'espère que je ne m'en repentirai pas : ce n'est point un mariage d'amour.

VERNEUIL.

Serait-ce un mariage d'intérêt !

SURVILLE.

Je dois vous l'avouer : oui, monsieur, c'est une femme de soivante ans dont je ne suis pas éperduement amoureux.

VERNEUIL.

Je le crois.

SURVILLE.

Mais qui est riche ! que me conseillez-vous? dois-je épouser?

VERNEUIL.

Fi donc, monsieur, c'est un calcul affreux : doit-on s'engager ainsi. . . votre confidence est injurieuse.

SURVILLE..

Ah pardon! c'est que vous ne me connaissez pas; j'ai une drole de morale : j'aime mieux faire ouvertement cent sottises qui me passent par la tête, que débiter deux belles phrases que je ne penserais pas.

VERNEUIL.

Au moins, êtes-vous franc.

SURVILLE.

COUPLETS.

Voulez-vous pour me juger mieux?
Connaître ma philosophie ;
Je ne forme pas d'autres vœux
Que de bien jouir de la vie.

J'en écarte le noir chagrin
Et je sais imitant le sage,
Jetter des fleurs sur le chemin,
Afin d'embellir le voyage.

Je suis infidèle en amour,
En amitié toujours sincère;
Galant ainsi qu'un troubadour;
Comme Français brave à la guerre.
Si j'aime par fois le bon vin,
C'est que je dis comme le sage
Il faut arroser le chemin,
Pour être plus frais en voyage !

Mais si l'homme est un voyageur,
Arriver n'est pas son envie
En route il trouve le bonheur,
Et n'est jamais las de la vie.
Alors, en attendant la fin
De son joyeux pellerinage,
Il aime à rester en chemin
Afin d'allonger le voyage.

VERNEUIL, à part.

C'est charmant ! et je puis. . . (haut.) Ma foi, mon cher
de Fierval, vous m'inspirez de la confiance et votre franchise
excite la mienne. Vous êtes jeune et vous voulez épouser une
vieille femme, je suis vieux et je veux en épouser une jeune.

SURVILLE, à part.

Nous y voilà ! (haut.) Mais la mienne m'oppose quelques
difficultés.

VERNEUIL.

La mienne aussi.

SURVILLE.

Elle m'objecte mon age.

VERNEUIL.

C'est aussi mon âge qui arrête ma pupille.

SURVILLE.

Votre pupille, c'est cette jeune personne que j'ai vue
tantôt.

VERNEUIL.

Oui, monsieur.

SURVILLE.

Elle est charmante et vous avez bien raison de l'aimer.

VERNEUIL.

Vous m'enchantez, monsieur, vous devriez me rendre
un service.

SURVILLE.

Parlez, monsieur.

VERNEUIL.

Vous avez une aisance, une facilité qui me manquent

auprès des femmes.⸪. et puis un jeune homme éloquent persuade mieux. . .

SURVILLE.

Voulez-vous que je parle à la jeune personne. . .

VERNEUIL.

J'allais vous en prier.

SURVILLE.

Vous ne pouviez me faire plus de plaisir.

VERNEUIL.

Ah! ma foi ! . . la voici ; monsieur, je vous laisse avec elle, dites-lui bien. . .

SURVILLE.

Fiez-vous à moi , vous n'imaginez pas ce que je suis capable de faire.

VERNEUIL, *à part.*

Ne tardons pas à revenir et voyons comment il s'y prendra. *(Il sort.)*

SCENE IX.

CECILE, SURVILLE.

CECILE.

Eh quoi, mon tuteur s'en va au moment où j'arrive ; lui, qui jamais ne me laisse seule.

SURVILLE.

Tu vois, ma sœur, c'est une preuve de sa confiance en moi.

CECILE.

Serais-tu déja dans ses secrets.

SURVILLE.

Ah mon dieu oui ! il vient de m'apprendre qu'il *t'adore,* et m'a chargé de te le dire.

CECILE.

Je suis fachée qu'il ait pris un interprète, je lui aurais répondu. . .

SURVILLE.

Et tu aurais tout gâté. Encore un coup , laisse-moi faire, j'ai mon projet.

CECILE.

Réussira-t-il !

SURVILLE.

Quand je me mêle de quelque chose ! *(Verneuil paraît.)*

CECILE.

Ah mon dieu, j'apperçois M. de Verneuil.

SURVILLE.

Il veut savoir si je remplis bien ses intentions ; *feins un moment.*

C E C I L E.

Tu vas voir. Oui, monsieur, ce que vous m'avez appris
me fait un plaisir !

S C E N E X.

Les Mêmes, **V E R N E U I L**, (*au fond.*)

V E R N E U I L.

Ecoutons. . . . .

S U R V I L L E, *à Cécile.*

Vous croyez donc qu'il vous rendra heureuse.

V E R N E U I L, *à part.*

Il parle pour moi. . . bien !

C E C I L E.

Oui , M. de Fierval, je dis plus , je crois ne pouvoir
être heureuse qu'axec lui.

V E R N E U I L, *à part.*

C'est charmant.

T R I O.

S U R V I L L E, *à Cécile.*

Il m'a chargé de vous instruire
Des feux dont vous êtes l'objet,
Que faut-il... que faut-il lui dire
S'il m'interroge à ce sujet.

C E C I L E.

Je veux moi-même ici l'instruire ,
De l'amour dont il est l'objet.
Vous pouvez... vous pouvez lui dire
Qu'il m'interroge à ce sujet.

S U R V I L L E.

Vous l'aimez donc ?

C E C I L E.

Plus que ma vie.

SURVILLE et **VERNEUIL**, *à part.*

Aveu charmant
Pour un amant !

C E C I L E.

Et si sa main m'était ravie ,
Oui, je mourrais en ce moment.

V E R N E U I L, *paraissant.*

Ah ! Cécile, ai-je pu m'attendre
A l'excès d'un bonheur si doux.

C E C I L E.

Quoi, monsieur, vous pouviez m'entendre,
Ah! je ne parlais pas pour vous.

V E R N E U I L.

Comment donc !

SURVILLE.
Eh oui, la décence
Ne permet pas de tels aveux
Et sa pudeur ici s'offense
De votre amour trop curieux.

VERNEUIL.   SURVILLE.
Vous m'aimez donc ?   Vous l'aimez donc.

CECILE.
Plus que ma vie,

VERNEUIL.
Ah je n'avais pas d'autre envie
Que d'entendre ce mot charmant.

CECILE.
Oui, j'aime et toute mon envie
Serait d'épouser mon amant.

SURVILLE.
Ce mot suffit à son envie
Il se prend pour le tendre amant.

Ensemble.

VERNEUIL
Je n'attendais pas moins de votre raison, ma chère Cécile. Vous oublierez mon fils, et mon bonheur.....

CECILE, *vivement.*
Je ne dis pas cela, monsieur.

VERSEUIL
Mais, mademoiselle, dites donc ce que vous dites.

SURVILLE
C'est vous qui ne comprenez pas ; elle veut dire qu'elle ne peut pas l'oublier sur-le-champ. . . Que diable, donnez-lui le tems ; on ne prends pas si promptement un cœur.

VERNEUIL
Qu'elle s'explique donc. Elle disait tout-à-l'heure qu'elle mourrait, si ma main lui était ravie.

SURVILLE
Elle mourrait, sans doute ; mais non pas subitement.

VERNEUIL
Ecoutez, Cécile, pour me prouver ce que vous disiez tout-à-l'heure, il faut que notre contrat se fasse aujourd'hui même.

SURVILLE
Comme vous êtes pressant.

VERNEUIL
C'est qu'à mon âge, on est pressé.

SCENE XI.

Les Mêmes, HENRI, GEORGES (*un peu gris, amenant Henri de force.*)

GEORGES
Not' maître, not' maître, on vous trahit.

VERNEUIL.

Qu'y a-t-il?

GEORGES

Il s'introduit dans not' jardin des plantes de contrebande :
et si monsieur vot' fils est à Montpellier , voilà monsieur
son valet de chambre qui n'y est pas encore.

VERNEUIL.

Comment , coquin , te voilà.

HENRI.

Oui, monsieur , je ne me cache pas.

VERNEUIL

Eh qui vous ramène ici, s'il vous plait?

HENRI.

Je vais vous l'apprendre. . . une lettre.

CECILE. SURVILLE. VERNEUIL.

Une lettre !

HENRI.

Oui , monsieur.

VERNEUIL

Donnez-là moi , monsieur.

HENRI, *riant.*

Elle n'est pas pour vous.

VERNEUIL

Et pourqui donc , effronté coquin ?

HENRI, *à part.*

Comment me tirer de là. (*Haut.*) Mais elle est je crois
pour M. Mortade , médecin à Montpellier.

VERNEUIL

Comment.

HENRI, *à part.*

Il faut mentir. (*Haut.*) Oui, monsieur, c'est la lettre
que vous lui avez donnée pour servir de recommandation
à monsieur votre fils. Nous l'avons oubliée et je reviens la
chercher.

VERNEUIL.

Que ne le disais-tu tout de suite , maraud.

HENRI.

Vous ne m'en avez pas donné le tems.

VERNEUIL, *à part.*

Ne serait-ce pas un prétexte dont monsieur mon fils se
servirait pour. . . . *Henri, glisse la lettre dans la poche de
Surville.* (*Haut.*) Allons , viens avec moi, je ne te quitte
pas ; Georges, à ton poste , et vous Fierval, veillez sur Cécile.

HENRI.

Mais, monsieur , que croyez-vous donc que je venais
faire ici.

VERNEUIL.

Ce que je crois encore, faquin , remettre une lettre à mademoiselle.

HENRI, *à part.*

On ne devine pas plus juste. (*Haut.*) Ah ! monsieur, je m'y serais pris plus adroitement , pour ne pas éveiller vos soupçons.

VERNEUIL

Tu en as peut-être une sur toi.

HENRI.

Pas si bête, si j'en avais eu une , elle serait déjà remise (*Bas à Surville*) dans votre poche , depuis long-tems.

SURVILLE, *bas.*

L'idée est bonne.

VERNEUIL.

Que vous dit-il ?

SURVILLE.

Rien, le drôle ne veut pas parler : renvoyons-le, ce sera le plus court.

VERNUEIL

Oui, oui, suis moi maraud , et si monsieur mon fils ou toi, vous avisez sous quelque prétexte que ce soit de remettre les pieds ici , vous y serez très-mal reçus, ainsi croyez-moi , gagnez Montpellier , et sur-tout plus de tentatives , elles seraient toutes aussi inutiles que celle-ci.

HENRI.

Adieu donc , monsieur. Mes complimens , à votre femme, M. Georges.

GEORGES

Va-t-en au diable.

HENRI, *à Verneuil qui se retourne.*

Je vous suis, monsieur. (*Georges , au lieu sortir va prendre un rateau et revient.*)

SCENE XV.

CECILE, SURVILLE, GEORGES *au fond.*

SURVILLE

Le drôle est adroit, glisser cette lettre dans ma poche. . . lisons. . . ah ! c'est à toi qu'elle s'adressse.

GEORGES

Ils se parlent de ben près , écoutons. (*Il s'approche par dégrès.*)

CECILE, *ouvre la lettre.*

Voyons, ce que m'écrit Albert.

« L'amour me ramène , ma Cécile. Pendant que mon père

» me croit sur la route de Montpellier, je suis revenu se-
» lon notre plan, m'établir dans la chaumière de notre jar-
» dinier, dont la femme est dans nos intérêts. Je viens de
» décacheter la lettre de mon père, et j'ai vu qu'il re-
» commandait à son ami de me surveiller de très-près
» et qu'il voulait que je restasse à Montpellier plusieurs
» années. Je ne puis me résoudre à me séparer de toi pour
» si long-tems. Si ton frère y consent , suis-moi , nous
» nous unirons secrètement en dépit du ridicule amour
» de mon père.

SURVILLE.

Comment , il veut t'enlever ! mais il est fou.

CECILE.

Post scriptum.

SURVILLE.

Un post scriptum ! quand ces amoureux écrivent , ils n'en
finissent pas.

CECILE.

» Pour me faire savoir que tu as reçu ma lettre, chantes
» dès que tu seras seule, la romance que j'ai faite pour
» toi , je t'entendrai et je volerai aux pieds de ma
» Cécile. »

SURVILLE.

Diable, ceci devient sérieux, ne te presse pas de donner
le signal. (*Voyant Georges qui avance sa tête entre eux
deux.*) Eh bien ! que fais-tu là.

GEORGES

Rien ! comme vous voyez.

SURVILLE, *à Cécile.*

Cet ivrogne nous trahirait : rentre , je ne tarderai pas
à revenir. (*Cécile rentre , il sort de l'autre côté.*)

SCENE XVI.

GEORGES, *seul.*

J'n'ai pas tout entendu, mais il y a d'la manigance et
c'te lettre , *c'te poste au scriptum* c'te romance; ah! faut dire
çà ben vite à M. Verneuil ! c'pauvre cher homme , comme
on l'trompe, eh bien ! v'là pourtant ce que c'est que de nous.

RONDEAU.

Tuteurs et maris,
Tous tant que nous sommes, (bis)
Nous y sommes pris ;
Et voilà comme (bis) on trompe les hommes
Dans tous pays.

On prend fill' de quinze ans,
Qu'a des regards innocens.
Son air sage,
Son doux langage,
Ferait jurer qu'al ne sait rien ;
On l'épous', on croit faire bien !
Mais, mais...

Mais pauvres maris, etc.

Si pour se rendre guillerct,
On va l'dimanche au cabaret,
C'est une autre histoire.
L'cabartier Grégoire,
Vous vend du vin nouveau
Ousqu'il met moitié d'eau.
Ah ! ah !
Buveurs et maris,
Tous tant que nous sommes,
Nous y sommes pris ;
Et voilà comme (bis) on trompe les hommes,
Dans tous pays

SCENE XVII.

VERNEUIL, GEORGES.

VERNEUIL

Je m'en étais douté, cette lettre n'était qu'un prétexte.

GEORGES

Monsieur, un secret !

VERNEUIL.

Parle mon ami, qu'y a-t-il de nouveau.

GEORGES

Ce coquin d'Henri, par le moyen de c'te lettre, une romance, une poste au scriptum, v'là le mystère, j'ai tout entendu !

VERNEUIL

Je ne t'entends pas du tout, moi.

GEORGES.

Si fait, monsieur, ils sont ici, et pour vous en assurer, chantons la romance, et il volera à nos pieds.

VERNEUIL.

Qui ?

GEORGES

Votre fils.

VERNEUIL.

Quels contes me fais-tu là : tu ne sais ce que tu dis !

GEORGES.

Comment, vous ne comprenez pas, monsieur ; je vous

dis encore une fois que prr le moyen de c'te romance....
tenez, voulez-vous que je la chante moi, c'te romance.

VERNEUIL.

Tais-toi, ivrogne.

SCENE XVIII.

Les Mêmes, SURVILLE.

SURVILLE..

Eh bien, M. de Verneuil, j'espère qu'il n'y reviendront
pas.

VERNEUIL

Ah! vous voilà fort à propos, Fierval, aidez-moi donc à
débrouiller ce que veut dire ce maraud! il me parle d'une
lettre, d'un post scriptum, d'une romance, que sais-je moi!

SURVILLE, à part.

Il nous a entendus. (Haut.) Une romance! celà n'a
rien d'effrayant.

GEORGES.

Mais la romance fera venir le jeune homme et on vous
attrappe...

SURVILLE.

Cet imbécille serait-il de leur complot.

GEORGES.

Moi, pas du tout! je suis blanc comme neige.

SURVILLE

Il est gris!

VERNEUIL.

Vas te coucher, mon ami.

GEORGES.

Monsieur, je vous obéis. Mais vous avez tort, oui, monsieur, vous avez tort, je ne vous dis que çà.

SURVILLE.

Vas donc.

GEORGES.

Je retourne chez le concierge achever mes munitions, et
je ne lèverai le siège, que quand je ne pourrai plus lever
le coude.

SCENE XIX.

SURVILLE, VERNEUIL.

VERNEUIL

Je pense à ce que Georges vient de me dire, et je ne
devine pas...

S U R V I L L E.

Vous arrêtez-vous aux propos de cet ivrogne. Parlons plutôt de ce qui vous intéresse. Vous voulez-donc épouser mademoiselle Cécile ?

V E R N E U I L.

Sans doute, et voilà pourquoi j'ai éloigné mon fils.

S U R V I L L E.

Les jeunes gens s'aiment donc ?

V E R N E U I L.

Un peu ; mais l'absence !

S U R V I L L E.

Fort bien. Cependant vous ne voudriez pas contraindre Cécile à vous épouser, si elle ne vous aimait pas.

V E R N E U I L.

L'amour viendra après le mariage.

S U R V I L L E.

Je ne pense pas que vous vouliez abuser de votre autorité sur Cécile.

V E R N E U I L.

Mais, monsieur, comme vous me parlez ; ce n'est pas là votre langage de tantôt.

S U R V I L L E.

Répondez-moi. Cécile ne dépend elle que de vous ?

V E R N E U I L

Absolument.

S U R V I L L E

Mais elle a un frère.

V E R S E U I L

Un mauvait sujet. On ne sait ce qu'il est devenu.

S U R V I L L E

Vous croyez. Je le connais, moi.

V E R N E U I L

Tant pis pour vous, monsieur ; vous avez là une fort mauvaise connaissance.

S U R V I L L E

Bien obligé.

V E R N E U I L

Mais à quoi bon . . .

S U R V I L L E.

Vous allez le savoir.

SCENE XX.

Les Mêmes, G E O R G E S (*ivre*).

G E O R G E S

Au voleur, au voleur.

VERNEUIL.

Eh ! mon dieu, qu'y a-t-il ?

GEORGES.

Des voleurs, j'vous dis !

VERNEUIL.

Chez moi ?

GEORGES.

Non, chez moi.

VERNEUIL.

Explique-toi donc.

GEORGES

Oui, monsieur, las de faire sentinelle chez le concierge, et nos bouteilles étant vides.

SURVILLE.

Et toi bien plein, n'est-ce pas ?

GEORGES

Ah ! pas trop.

VERNEUIL

Après, après.

GEORGES

Eh ! bien, après. Selon l'ordre de monsieur, j'ai voulu aller me coucher.

VERNEUIL.

Après, te dis-je ?

GEORGES

Après. . . c'est avant. . . J'ai voulu rentrer chez moi, visage de bois, la porte était fermée ; mais j'ai entendu du bruit, j'ai cogné comme un beau diable, *motus*. Ma femme ! ma femme ! personne. Enfin, j'ai regardé par le trou de la serrure, et j'ai vu deux hommes . . .

SURVILLE.

Tu as vu double. (*à part*) Ce sont eux.

GEORGES

J'ai vu deux hommes, comme je vous vois ! et si vous ne venez pas avec moi, je vais crier au voleur, et appeler la garde.

SURVILLE.

Je suppose qu'il y ait eu deux hommes chez lui, ils se seront sauvés.

VERNEUIL.

Toutes les portes du jardin sont fermées, je vais rassembler tous mes gens.

SURVILLE, *à part.*

C'est ce qu'il faut empêcher. (*haut*) Et si ce n'étaient pas des voleurs ?

VERNEUIL.

Qui serait-ce donc ?

SURVILLE.

Georges a une femme, elle est jeune et jolie . . .

GEORGES

Ah ! jarni, ma femme recevrait deux amoureux ! J'vas crier au voleur encore bien plus fort.

VERNEUIL, *le suivant.*

Tais-toi donc, si tu veux qu'on les surprenne. Venez avec moi, M. de Fierval.

SURVILLE.

Je vous suis. (*à part*) Heureusement que le bruit les aura avertis, et qu'ils auront eu le tems de se sauver.

(*Il fait des signes à Cécile, qui paraît.*)

SCENE XXI.

CECILE, *sortant du pavillon.*

Quel est donc le bruit que je viens d'entendre. . . Eh bien, personne ! . . Voilà le moment de donner à Albert le signal convenu . . . Chantons sa romance.

> Fleur de printems et fleur d'amour
> Ornent le jardin de la vie ;
> Profite-en, fille jolie :
> Pour les cueillir il n'est qu'un jour.
>
> L'éclat du lys est sur ton tein,
> Sur tes lèvres on voit la rose ;
> Mais cette fleur à peine éclose
> Bientôt va mourir sur ton sein.
>
> L'automne amène la raison,
> Et détruit les présens de Flore ;
> Oui, rose naît avec l'aurore
> Et le soir n'est plus de saison.

SCENE XXII.

CECILE, ALBERT, HENRI.

ALBERT.

J'ai entendu ta voix : me voici ma chère Cécile. Ton frère adopte t-il mon projet, consent-il à nous suivre à Montpellier.

CECILE.

Y penses-tu mon ami !

ALBERT.

Il n'est que ce moyen pour éviter le mariage auquel mon père veut te forcer.

SCENE XXIII.

Les Mêmes, SURVILLE.

SURVILLE.

Ah mes amis ! en voici bien d'un autre. Les cris de ce maudit jardinier ont donné l'éveil dans le voisinage, les paysans sont rassemblés, j'ai apperçu un soldat de mon régiment avec M. de Verneuil ; on aura découvert ma retraite, et c'est moi sans doute qu'on poursuit.

ALBERT.

Est-il possible ! mais si tu pouvais fuir : ma chaise de poste est dans la maison voisine.

SURVILLE.

Oui, oui, partons, car sans doute Verneuil me cherche.
(*Ils veulent se sauver.*)

SCENE XXIV et dernière.

Les Mêmes, VERNEUIL, GEORGES.

VERNEUIL, *paraissant, les arrête.*

Je vous trouve, monsieur.

ALBERT.

O ciel ! mon père.

VERNEUIL, *à Albert.*

Vous ne m'attendiez pas là, que me direz-vous pour votre excuse. (*A Surville.*) Et vous, monsieur, qui vous introduisez dans ma maison pour y porter le trouble !

SURVILLE.

Dites pour vous empêcher de faire une sottise.

VERNEUIL.

Vous osez. . . . . .

SURVILLE.

Ces jeunes gens s'aiment, vous devez les unir.

VERNEUIL.

Vons plaisantez.

SURVILLE.

Souvent, mais non pas dans ce moment-ci ; et je vous dirai franchement que vous n'épouserez pas Cécile.

VERNEUIL.

J'ai sur elle le droit que me donne les lois.

SURVILLE.

J'ai celui que me donne la nature.

VERNEUIL.

Je suis son tuteur.

SURVILLE.

Je suis son frère. . Charles Surville, officier de cavalerie.

VERNEUIL, *sévèrement.*

Je le savais monsieur, et j'étais bien aise de voir jusqu'où vous pousseriez l'étourderie et l'inconséquence.

SURVILLE, *surpris.*

Vous le saviez, dites-vous ?

VERNEUIL.

Oui monsieur, et pourquoi s'il vous plaît vous introduire
chez-moi, sous un nom supposé.

SURVILLE.

Une affaire malheureuse m'y forçait.

VERNEUIL.

Elle ne devait pas vous forcer à abuser de ma confiance.

SURVILLE.

Monsieur.

VERNEUIL.

Voyez, jeune imprudent, à quoi vous expose une mauvaise
tête.

SURVILLE

Monsieur !

VERNEUIL

Ce sont vos propres expressions . . . Dans quelle démarche
vous entraîniez votre sœur.

SURVILLE

Je le sens, monsieur ; mais j'espère que vous n'abuserez
pas de ma situation.

VERNEUIL

Il n'est plus tems. Si vous m'eussiez mis dans votre confidence, j'aurais pu vous servir ; mais voici une lettre de votre
colonel, qui sans doute m'en ôte tous les moyens. Je la tiens
d'un soldat de votre régiment, qui m'a tout apris.

SURVILLE

Une lettre de mon colonel ! il m'envoye aux arrêts, je n'en
puis douter.

VERNEUIL

Quelques années de prison mûriront votre jeune tête. (*A
Albert*) Et vous, mon fils, vous allez remonter en voiture,
et partir sur-le-champ.

ALBERT

Quoi, mon père !

VERNEUIL

Point de réplique, obéissez. (*Albert s'éloigne lentement.*

G E O R G E S

Obéissez! Adieu, Henri; de c'te fois, vous ne reviendrez pas.

S U R V I L L E, *qui a lu la lettre.*

Ah! monsieur, mes amis, quelle surprise! (*Albert s'arrête*)

V E R N E U I L

Qu'est-ce donc, monsieur?

S U R V I L L E

Ecoutez, écoutez! « Mon cher Surville, informé du lieu
» qui vous sert de retraite, je m'empresse de vous apprendre
» que votre adversaire n'est point mort; j'ai appaisé la fa-
» mille, vous n'avez plus rien à craindre. Je vous embrasse,
» et vous invite à devenir plus raisonnable.
» DE LIEURSAINT, Colonel du 15e. de cavalerie. »
Ah! monsieur, voudriez-vous troubler mon bonheur.

V E R N E U I L

Vous êtes plus heureux que sage.

S U R V I L L E

Eh! monsieur, qui peut se flatter de l'être toujours, et
vous-même, tantôt, quand vous m'avez pris pour confident.

V E R N E U I L.

Chût, chût, paix donc!

S U R V I L L E.

Allons, M. de Verneuil, j'ai reçu ma leçon, point de
reproches sur le passé, soyons plus raisonnables à l'avenir.
Je dote ma sœur, Albert aura une lieutenance dans mon
régiment; il ne sera pas médecin, et ne tuera que nos en-
nemis!

V E R N E U I L.

Mais enfin.

S U R V I L L E.

Vous serez un homme charmant, on vous aimera tant!

C E C I L E.

Oh! oui, si je ne vous épouse pas, je vous aimerai bien!

A L B E R T.

Mon père, vous l'entendez.

V E R N E U I L.

Ils sont d'une vivacité! Allons, j'aurais mauvaise grace à
me montrer plus sévère que les autres. J'oublie votre étourderie, et toi, mon fils, tu seras lieutenant.

T O U S.

Ah! quel bonheur!

G E O R G E S.

Tout çà est à merveilles, mais je ne m'arrange pas de çà,

moi. Faut qu'un de nous sorte de la maison, Henri, ou moi, ou vous not' maître, arrangez çà.

FINALE.

Monsieur, je suis jaloux de ce coquin,
Il faut que l'on m'en débarrasse;
A Montpellier envoyez-le de grace,
Et qu'il se fasse médecin.

CÉCILE.

Aller bien loin se faire médecin,
Ce projet là, certes, n'était pas sage.

TOUS

Si l'indulgence applanit le chemin,
Nous serons sûrs de faire un bon voyage.

FIN.

De l'Imprimerie de HOCQUET et Comp., rue du Faubourg-
Monmartre, au coin du Boulevard, N. 4.